dorothee sölle
loben ohne lügen
gedichte

Die Deutsche Bibliothek – CIP-Einheitsaufnahme
Sölle, Dorothee
Loben ohne lügen: Gedichte/Dorothee Sölle –
Erstes bis drittes Tsd. – Berlin: Fietkau, 2000
ISBN 3-87352-505-4

Erste Auflage: erstes bis drittes Tausend 2000
Zweite Auflage: Printing on Demand 2023
Satz: Dietmar Silber, Berlin
Druck und Bindung: BoD Books on Demand, Norderstedt

Loben ohne zu lügen

Zeitansage

Es kommt eine zeit
da wird man den sommer gottes kommen sehen
die waffenhändler machen bankrott
die autos füllen die schrotthalden
und wir pflanzen jede einen baum

Es kommt eine zeit
da haben alle genug zu tun
und bauen die gärten chemiefrei wieder auf
in den arbeitsämtern wirst du
ältere leute summen und pfeifen hören

Es kommt eine zeit
da werden wir viel zu lachen haben
und gott wenig zum weinen
die engel spielen klarinette
und die frösche quaken die halbe nacht

Und weil wir nicht wissen
wann sie beginnt
helfen wir jetzt schon
allen engeln und fröschen
beim lobe gottes

Ein sohn des lebens

Ich glaube an jesus christus
sohn des lebens bruder der menschen
erstgeborener aller schöpfung
der uns an unsere geschwister erinnert
die bäume und die vögel des himmels
schwester wasser und bruder feuer
er verbindet uns mit allem   was lebt
auf unserem kleinen planeten erde

Ich glaube an jesus
den sohn des lebens
das uns geschenkt wird
damit wir es weiter verschenken
er hat die kranken geheilt und die traurigen
er hat die hungrigen gespeist und die verzweifelten
ein mitarbeiter der schöpfung
die weitergeht an jedem tag
in unserer arbeit
wenn wir unsere heimat vor der plünderung schützen
unseren kleinen planeten erde

Ich glaube an jesus
sohn des lebens und einer armen mutter
politischer gefangener unter pontius pilatus
zu tode gefoltert auch heute in den polizeikellern
lagern und kriegen
die wir noch immer dulden
auf unserem kleinen planeten erde

Ich glaube an jesus
den erstgeborenen aus dem tode
sie konnten ihn nicht fertigmachen
er ist von den toten auferstanden
er verbindet uns mit den toten vor uns
um die wir trauern
und den toten neben uns
die wir nicht gerettet haben
sie alle sind unsere schwestern und brüder
auf dem kleinen planeten erde

Ich glaube an jesus christus
kind des lebens
eine schwester für alle menschen
die wahrheit die uns frei machen wird
von dem zwang auszubeuten
und aus dem tode profit zu schlagen

In christus spüren wir den geist des lebens
in einer todessüchtigen welt
wir stehen auf mit ihm zu kämpfen
zu leiden und unser leben zu geben
bis gott sei alles in allem
auf unserm kleinen planeten erde

Amen

Freundschaft

Gott du freundin der menschen
laß mich nie ohne freundin sein
laß mich geben lehr mich zu nehmen
zeig mir wie ich trösten kann
gib mir freiheit kritik zu üben

Gott du freundin der menschen
laß mich nie ohne freundin sein
gib uns raum uns zu wehren
und die kraft es ohne gewalt zu tun
gib uns den langen atem
auch wenn die zeit nicht in unsern händen ist
gib uns das lange lachen
im kurzen sommer

Gott du freundin der menschen
laß mich nie ohne freundin sein
wir gehen zu zweit los
aber deinetwegen
sind wir immer schon mindestens drei
auf dem langen weg zum brot
das eßbar ist dem wasser
das niemand vergiftet hat

Gott du freundin der menschen
laß keine von uns ohne freundin sein

Eines anderen tages

Wir fragen dich oft
warum gerade ich warum gerade mir
wo steckst du bloß gott
der es gut mit uns meinen soll
bist du beschäftigt
warum kümmerst du dich nicht

Du fragst uns immer
hast du mich nicht gesehen
hast du mich nicht gehört als ich schrie
warst du beschäftigt
warum kümmerst du dich nicht um mich

Eines tages hören wir auf zu fragen
wir werden bitter und zynisch
gott hat mir nicht geholfen
alles kommt wie es kommt
wir kleinen leute
wir sind ohne macht

Du fragst uns weiter
hast du mich nicht gesehen
hast du mich nicht gehört als ich schrie
nimm mich doch an wie ich bin
das mit der macht wird sich schon finden

Eines anderen tages
werden wir dich hören
starren nicht mehr nach oben
warten nicht auf zauberer
nehmen dich an christus
wie du bist
öffnen die tür
an die du lang gepocht hast
und lassen dich herein ausländer
dich aidskranken
dich alte nutzlose frau

Ich dein baum

Nicht du sollst meine probleme lösen
sondern ich deine gott der asylanten
nicht du sollst die hungrigen satt machen
sondern ich soll deine kinder behüten
vor dem terror der banken und militärs
nicht du sollst den flüchtlingen raum geben
sondern ich soll dich aufnehmen
schlecht versteckter gott der elenden

Du hast mich geträumt gott
wie ich den aufrechten gang übe
und niederknien lerne
schöner als ich jetzt bin
glücklicher als ich mich traue
freier als bei uns erlaubt

Hör nicht auf mich zu träumen gott
ich will nicht aufhören mich zu erinnern
daß ich dein baum bin
gepflanzt an den wasserbächen
des lebens

Dein wille

Wir wissen worauf du hinaus wolltest
als du uns dir ähnlich geschaffen hast
kinder der erde die sterben müssen
deine töchter und söhne fähig die liebe zu lernen
schon jetzt mitten im krieg

Wir kennen deinen willen gott
leben in seiner fülle hast du allen versprochen
nicht nur den weißen nicht nur den reichen
nicht nur denen die kaffee trinken
auch denen die ihn pflanzen und ernten

Wir danken dir für deine vielen du sollst
mit ihnen fragst du uns nach unseren geschwistern
den bäumen und den tieren
dem wasser und der luft
nach unserer zeit fragst du
und nach dem was uns wichtig ist

Eines tages gott werden wir alle deine du sollst
verwandeln in ein großes ja ich will
ja wir werden die fremden nicht mehr hassen
und die mauern der trennung einreißen
und die gewalt wird nicht mehr wohnen bei uns
wir werden sie nicht füttern und hätscheln
nicht bezahlen und nicht für allmächtig halten
dein wille wird geschehen
auch in unserm land

Minderheiten

Lehre uns minderheit werden gott
in einem land das zu reich ist
zu fremdenfeindlich und zu militärfromm
paß uns an deine gerechtigkeit an
nicht an die mehrheit
bewahre uns vor der harmoniesucht
und den verbeugungen vor den großen zahlen

Sieh doch wie hungrig wir sind
nach deiner klärung
gib uns lehrerinnen und lehrer
nicht nur showmaster mit einschaltquoten
sieh doch wie durstig wir sind
nach deiner orientierung
wie sehr wir wissen wollen was zählt

Verschwistere uns mit denen die keine lobby haben
die ohne arbeit sind und ohne hoffnung
die zu alt sind um noch verwertet zu werden
oder zu ungeschickt und zu nutzlos

Weisheit gottes zeig uns das glück derer
die lust haben an deinem gesetz
und über deiner weisung murmeln tags und nachts
sie sind wie ein baum
gepflanzt am frischen wasser
der frucht bringt zu seiner zeit

Ohne zu lügen

Schaffe in mir gott ein neues herz
das alte gehorcht der gewohnheit
schaff mir neue augen
die alten sind behext vom erfolg
schaff mir neue ohren
die alten registrieren nur unglück
und eine neue liebe zu den bäumen
statt der voller trauer
eine neue zunge gib mir
statt der von der angst geknebelten
eine neue sprache gib mir
statt der gewaltverseuchten
die ich gut beherrsche
mein herz erstickt an der ohnmacht
aller die deine fremdlinge lieben
schaffe in mir gott ein neues herz

Und gib mir einen neuen geist
daß ich dich loben kann
ohne zu lügen
mit tränen in den augen
wenns denn sein muß
aber ohne zu lügen

Ein feigenbaum

Noch trägt unser baum keine früchte
noch schieben wir heimatlose ab
arbeiterinnen lassen wir nicht arbeiten

noch liefern wir den folterern
was immer sie brauchen können
und schnüren den ärmsten die kehle zu
daß auch ihr schrei uns nicht stört
noch wartet gott vergeblich

noch liegt unsere zeit in den händen der mächtigen
sie leiten gift in die flüsse
amüsantes in unsern bildschirm
schwermetalle in unser essen
und angst in unser herz

noch schreien wir nicht laut genug
wie lange noch gott
wie lange willst du dir das noch ansehn
ohne ihn umzuhaun deinen feigenbaum

noch haben wir nicht gelernt umzukehren
noch weinen wir selten
noch

Renovabis faciem terrae

Gott deine geistin erneuert das gesicht der erde
erneuere auch unser herz
und gib uns den geist der klarheit und des mutes
denn das gesetz des geistes
der uns lebendig macht in christus
hat uns befreit von dem gesetz der resignation

Lehre uns
wie wir mit der kraft des windes und der sonne
leben und andere geschöpfe leben lassen
lehre uns
die kraft der kleinen leute zu spüren
und keine angst mehr zu haben
wenn wir widersprechen und widerhandeln
dem luxus auf kosten aller anderen geschöpfe
lehre uns
die immer größere freude
beim lebendigwerden in deiner lebendigen welt
weil wir unser ende nicht fürchten

Gott deine geistin erneuert das gesicht der erde
erneuere auch unser herz
und laß uns wieder miteinander leben
lehr uns zu teilen statt zu resignieren
das wasser und die luft
die energie und die vorräte
zeig uns daß die erde dir gehört
und darum schön ist

Atem

Leise klopft an meine haut
dein atemzug
wenn mich schlaf und träume
die alten meeresfreunde
an land geworfen haben

Du segelst in deinem schiff
ich gefesselt und ohne wort
spür deinen atem
mich zu erinnern
atem war einst und
wind über den wassern
vor allem

So fange ich an
im leeren
weniger als ein gebet
mehr als ein zynismus
die luft zu loben
die du mir schickst

Sieben wünsche für eine konfirmandin
Anläßlich der befestigung[1] ihres bäumchens im leben

Daß du trinkst von dem alten wasser der erde
ohne bitternis[2]

Daß die vögel kommen dir was vorzupfeifen
und du antwortest in f dur oder a moll

Daß die sonne nicht sticht oder versteck spielt
sondern ordentlich tut was sie soll scheinen[3]

Daß dich die weitausgreifenden eltern
nicht überwuchern und dein land nicht überdüngen

Daß du wächst mit den anderen bäumen
einzeln frei und als wald

Daß du wurzeln schlägst in der gerechtigkeit[4]

Daß du dich streckst
bis zu deiner anderen heimat
dem himmel

---

[1] confirmare, lat., befestigen
[2] exodus 15, 22–25
[3] genesis 1, 16f
[4] psalm 1,3

Eine meditative collage

Eigentlich wissen wir alle
so sagte heinrich böll
daß wir hier auf der erde nicht zu hause sind
nicht ganz zu hause sind
        Höhlen haben die füchse
        nester haben die vögel
        unter den himmeln
        nichts hat der menschensohn
        um sein haupt niederzulegen

Eigentlich wissen wir alle
daß wir hier auf geliehener erde
zu gast sind eine weile
        Geht fort aus dem haus
        das euch nicht aufnehmen will
        geht fort aus der stadt
        die euch nicht anhören mag
        schüttelt den staub
        von den füßen
        laßt ihn zurück

Eigentlich wissen wir alle
was die verfolgten christen
in rom wußten und in el salvador wissen
        Mit den gefangenen habt ihr mitgelitten
        den raub eurer güter
        nahmt ihr mit fröhlichem herzen hin
        denn ihr wußtet daß ihr
        eine bessere bleibende habe
        im himmel habt

Eigentlich wissen wir alle
daß wir hier auf der erde
nicht zu hause sind
nicht leben können
nicht ganz jedenfalls
　　　Der staat aber dem wir angehören
　　　ist im himmel
　　　das reich in dem wir bürger sind
　　　ist in den himmeln

Eigentlich wissen wir es schon lange
　　　Ein neuer himmel und eine neue erde ist es
　　　die wir erwarten
　　　und in ihnen wird gerechtigkeit wohnen
Daß wir hier keine bleibende statt haben
aber die zukünftige suchen

Mt 8,20   mt 10,14   hebr 10,34   phil 3,20   2 petr 3,13

Christus unser bruder
wer aus der wahrheit ist der hört deine stimme

Aber wir wissen daß wahrheit
zu groß für uns ist
und begnügen uns mit dem machbaren
und hören die stimme
eines intelligenten römischen diplomaten
namens pontius pilatus

Seit jahrhunderten reißen wir wahrheit
und liebe in stücke
und besitzen richtigkeiten

Hilf uns hinein
in deine wahrheit
die nicht ohne schmerz zu haben ist
in deine liebe ohne alle maßen
die uns andere augen gibt
als die vom erfolg behexten und andere ohren
unsere geschwister zu hören

Hilf uns hinein in deine wahrheit
laß unser gesicht sichtbar werden
daß wir weinen lernen mit den weinenden
und nicht zuschauer bleiben
die das programm wechseln

Laß uns wissen
daß wir in deinem tod geborgen sind
mit unsern niederlagen und unsern zweifeln
mit unserm schmerz und unserm sterben

Christus unser bruder
wer aus der wahrheit ist der sieht dich weinen
in den obdachlosen unserer stadt

Gespräch nach der wende

Ich hatte geglaubt
der mensch sei gut
sagt mir ein alter kommunist
das war der grundfehler

Ich hatte gelernt
der mensch sei sünder
sein dichten und trachten
böse von jugend auf
das war der grundfehler

Heute versprech ich dir
trotzig
der mensch eine tochter gottes
sohn eines königs
zwischen engeln und teufeln
gesegnet und wird
ein segen sein
vielleicht schon heute abend

Weihnachtsoratorium

Trompeten und pauken
königsinstrumente
man benutzt sie in palästen

Flöten und hörner
hirteninstrumente
man spielt sie im dorf

Aber jsb hat sich das anders gedacht
bei hofe erklingen die sanften
tonfarben der hirten

Im stall
frohlocken die königsklänge
im ausländerwohnheim
schlagen die pauken
ein anderes glück

Fasten

In einem israelischen gefängnis
fastet ein palästinenser
leiter eines gewaltfreien zentrums
in ostjerusalem
sein anwalt kommt und erzählt
draußen fastet ein israeli für dich
wenn du nicht anfängst zu essen
wird er sterben
du bist fett du kommst mit dir zurecht
er nicht
mubarek awad hört auf zu fasten

Wenn dein feind für dich fastet
ist das ein wunder

Breathe on me breath of god
Nach edwin hatch 1886

Atem gottes hauch mich an
füll du mich wieder mit leben
daß ich was du liebst lieben kann
und rette was du gegeben

Atem gottes weh mich an
bis mein herz dir offen
bis ich was du willst wollen kann
im handeln und im hoffen

Atem gottes blas mich an
bis ich ganz dein werde
bis dein feuer in mir brennt
auf der dunklen erde

Atem des lebens atme in mir
lehr mich die luft zu teilen
wie das wasser wie das brot
komm die erde zu heilen

Der erde durst

Ein brief an die erde

Du hättest mich ruhig einen baum
werden lassen können
der schatten gibt und hilft
die luftfeuchte zu regeln
näher als ich dir bin
könnt auch der baum nicht sein

Aber beschützen könnt ich dich besser
als ichs jetzt vermag
unstet und flüchtig
und dich trösten

Eine blume namens jakobsleiter

Ich hab mir die engel immer riesig vorgestellt
so daß ein flügel mich ganz verstecken könnte
heute erst seh ich
wie klein die sprossen der leiter
zwischen blau und gold
und ich steige auf und ab
und werde nicht müde
die farben tönen zu hören

Trauer grundlos

Eine trauer hing um dich
hinterrücks kam sie
schleppender sprachst du
eine wolke dir vor augen
mir unsichtbar

Eine rose hast du mir geschenkt
den öffentlichen anlagen entwendet
schnell welkend im zug
die novemberrose der schönsten farbe
deren name mir entwendet ist

Ich gab auf
den grund deiner trauer zu suchen
du hast mich
in sie eingewickelt

Freundin des lebens

Komm heilige geistin
erneuere die gestalt der erde
versöhn uns mit der luft
die wir verpesten
versöhn uns mit dem wasser
das wir vergiften
versöhn uns mit dem land
das wir zubetonieren
erneuere unsere wünsche
und das angesicht der erde

Komm mutter des lebens
reinige uns vom willen zur macht
laß uns glauben an die versöhnung
zwischen uns und den tieren
die wir wie maschinen behandeln
mach uns geduldig mit allen pflanzen
die uns zu nichts nützlich sind
gib uns glauben an die rettung der bäume
daß sie nicht alle sterben
erneuere unsern verstand
und das angesicht der erde

Komm atem gottes
du lehrerin der demütigen
hauch uns die totgeborenen an
daß wir mit allen kreaturen leben lernen
mach uns aus siegern zu geschwistern
aus benutzern zu hüterinnen
aus profitberechnern zu freunden der erde
erneuere unsere herzen
und das angesicht der erde

Komm du hoffnung der armen
du richter der mächtigen
du rettung im schiffbruch unseres planeten
führ uns aus dem gefängnis
atem des lebens weh uns an
wasser des lebens laß uns von dir trinken
laß uns deine wohnung werden
und erneuere das angesicht der erde

Zwischen zwei ängsten

Manchmal träume ich von einer großen decke
um den kleinen blauen planeten zu wickeln
und all das selbstgekochte unglück abzuhalten
Es ist zum ersticken
in san franzisco preisen alle busse
ein mittel an gegen das asthma

Manchmal träum ich vom mantel gottes
der die genforscher beruhigen könnte
und die rüstungsaktien abstürzen ließe
Es ist zum ersticken bei uns
drei freundinnen haben brustkrebs
zwei sind noch am leben

Manchmal träum ich von einem anderen glauben
der nicht nach ergebenheit riecht
und den megatrend nicht anbetet
Es ist zum ersticken hier
meine angst will auswandern
muß ich denn ewig in ägypten bleiben

Manchmal lächle ich über die lang vergangene
angst vor gott
und seh eine neue wachsen
um ihn
sie
macht mir mut

Offene Hände

Gott meine mutter hat mich gelehrt
die hände aufzuhalten
wenn ich sie bitte

Und den ball zu fangen
die brombeeren zu sammeln
das sonnenlicht einzumachen

Aber die offenen hände
sterben mir ab in der kälte
die erdbeeren bei minsk sind riesig
selbst das gereinigte wasser
schmeckt nach angst

Warum die hände öffnen
da nur gift vom himmel fällt
und meine schale sich füllt
mit neuer ungerechtigkeit

Warum nicht die hände schließen
du hast mich belogen mutter
es gibt nichts zu fangen
und nichts zurückzuwerfen
und nichts zu verschenken
und nichts zu weinen
du hast nur steine geschaffen
niemandem zum bilde

Nasser wald

Der nasse wald noch grün
glitzernde tropfen wirft er mir
im den nacken ins gesicht
einzelne bäume sind schon entbrannt
in liebe und goldene festlichkeit

Bäume ich achte auf euch
meine großen brüder schon erwachsen
wollt ihr mich lehren
mich schön zu machen
ehe ich alles verliere und
allein im wald zittere
ist denn der tod ein fest

Ein gast auf erden

Zu hause vielerorts
hab ich vergessen zu fragen
was denn das erste wort war
als euer kind zu sprechen anfing

Mitten in der nacht
fahr ich hoch und weiß nicht
wer spricht wer schweigt
und wer lernt die wörter
die uns wärmen werden

Das tote kind
will mir nicht aus dem sinn
die andere gästin
fortgegangen und wohnhaft
zuhaus in der erde

Das tote kind möcht ich bitten
mach uns heimisch auf erden
halt uns fremd

Sightseeing

Ich muß sie vor einigen gefahren warnen
sagte der einladende wissenschaftler
den gästen auf einer Ökotour durch el salvador
die erste besteht darin
unsere luft zu atmen
die zweite bei uns wasser zu trinken
die dritte unser essen zu essen
und schließlich fügte er hinzu
ist es gefährlich
über das evangelium zu reden

Ein gewitter

Mach mich naß regen
roll über mich her donner
schlag zu blitz und rausch himmel
rausch lauter

Vergessen hatte ich was ich brauche
ein tourist war ich
schrieb karten voll schönem wetter
und sprayte die haut mückenfrei
und dachte das sei alles

Bis du kamst gewitter
mich erinnernd an den durst
den mir der wein nicht löscht
den mir das wetter nicht stiehlt
der erde durst
wird endlich mein
rausch lauter himmel

Ein gegenpsalm zu psalm104

Licht ist dein kleid das du anhast
aber ich sehe ein anderes licht
heller als tausend sonnen
verstrahlt es alles
was unter ihm lebt

Du breitest den himmel aus wie einen teppich
aber ich sehe den himmel
der hautkrebs macht
weil seine schutzschicht zerrissen ist

Du hast das erdreich gegründet
auf festen boden
daß es bleibe
aber ich sehe das meer sich ausdehnen
durch erwärmung
und die stadt verschlingen
in der ich lebe

Du hast eine grenze gesetzt
darüber kommen sie nicht
aber ich sehe eine macht
die keine grenzen respektiert
die den samen der toten einfriert
und den armen die nieren abhandelt
und ihre kinder verschleppt
weil sie lebende herzen haben
die sich verkaufen lassen

Deine werke sind groß und viele
du hast sie alle weise geordnet
ich möchte in deiner ordnung leben
aber um mich entsteht
eine zweite schöpfung
dauerhafter und praktischer als deine
getragen vom willen zur macht
und ohne jedes spiel

Gott sag mir wo ich hin soll
vor ihren ausweisen und kontrollen
ihren bildschirmen und befehlen
ihren süchten und ängsten

Ich freue mich deiner und der alten erde
ich will für dich singen mein leben lang
ohne apparate will ich dich loben
deinem licht will ich glauben
in dich will ich fallen
schein doch gott

Licht ist dein kleid das du anhast
freu dich deiner werke
freu dich auch in mir

Credo für die erde

Ich glaube an gottes gute schöpfung die erde
sie ist heilig
gestern heute und morgen

Taste sie nicht an
sie gehört nicht dir
und keinem konzern
wir besitzen sie nicht wie ein ding
das man kauft benutzt und wegwirft
sie gehört einem anderen

Was könnten wir von gott wissen
ohne sie unsere mutter
wie könnten wir von gott reden
ohne die blumen die gott loben
ohne den wind und das wasser
die im rauschen von ihm erzählen
wie könnten wir gott lieben
ohne von unserer mutter
das hüten zu lernen und das bewahren

Ich glaube an gottes gute schöpfung die erde
sie ist für alle da nicht nur für die reichen
sie ist heilig
jedes einzelne blatt
das meer und das land
das licht und die finsternis
das geborenwerden und das sterben
alle singen das lied der erde

Laßt uns nicht einen tag leben
und sie vergessen
wir wollen ihren rhythmus bewahren
und ihr glück leuchten lassen
sie beschützen vor habsucht und herrschsucht
weil sie heilig ist
können wir suchtfrei werden
weil sie heilig ist
lernen wir das heilen

Ich glaube an gottes gute schöpfung die erde
sie ist heilig
gestern heute und morgen

Der zuzug von freund hein

Erinnerung an audre lorde

Wenn ich es wage stark zu sein
meine kraft zu nutzen für meine vision
dann macht es immer weniger aus
ob ich angst habe

Ich habe angst meine schwester
die sonne wird giftig ohne schutzmantel
der atem wird knapp mehr asthma für alle
und die träume gehn in die irre

Es macht nichts aus
sagst du mir
deine angst
ist nicht das wichtigste an dir

Aber ich kann sie nicht loslassen
sie ist doch der krebs der dich gefressen hat
und meinen bruder
und meine freundinnen will er
sie hält mich besetzt
manchmal gibt sie mir ausgang
für eine weile
aber frei bin ich nicht
meine kraft zu nutzen
für unsere vision

Es wird immer weniger wichtig
ob du angst hast
sagst du mir

Ach sag ich noch einmal
es ist als hättest du
das wort ewigkeit
neu übersetzt

Geschichten von gestorbenen

Der alte professor

Er wußte nicht mehr wozu eine zahnbürste gut ist
wie man einen schuh anzieht
selbst seinen namen kannte er nicht immer
aber es wäre ihm nie eingefallen
vor mir sagt eine freundin
aus der tür zu gehen
er hielt sie auf

Die studentin

Sie hatte gar kein verhältnis zum besitz
sie nahm und gab alles wie sies brauchte
sie rief ihre eltern an und legte ihnen
die lieblingsplatte auf ich habe nun genug
nur die tabletten hat sie gehortet

Meine mutter

Sie rief nach straßburg
der stadt der kindheit nach papa
diese wörter habe ich dreißig jahre nicht von ihr gehört
sie rief sie als hinge ihr leben davon ab
als sei es das letzte
das sie hergeben sollte
dem lang erwarteten

Am fenster voller gold

Es blüht der herbstbaum auf
am fenster voller gold
ich ruf meine mutter an
sie hats doch so gewollt

Sie soll noch etwas hören
das sichtbar ist und freut
ich wollte sie nicht stören
mit politik und leid

Ich kann sie nicht mehr rufen
der anschluß ist gestört
ich fürchte herbstliche bäume
sind was sich nicht gehört

Für tote die gestorben
nicht hören und nicht sehn
ich sprech noch mit ihr lange
doch will die zeit nicht stehn

Sie rennt viel schneller als ich will
und trennt mich mit gewalt
sie sagt du mußt noch leben
die mutter war schon alt

Ach zeit du willst mich betrügen
ich leb doch nicht im takt
den du mir vorgibst mit lügen
von schluß und zuende und fakt

Ich atme doch verbunden
mit jedem blatt das rollt
die mutter ist nicht verschwunden
am fenster der baum voll gold

Fortbewegung

Am frühen morgen laß ich das auto an
und zerbreche die stille
so leise ich auch sein will
zerbrech ich das sanfte licht des morgens
mein weg ist zu weit fürs fahrrad
wiederhol ich mir
und die flügel der morgenröte
die ich sonst wohl nahm
liegen verbrannt unter den vielen dingen
die eine alte frau besitzt

Geschichten vom tod und seinem arbeitgeber

1

Schlaflos

Lange versuch ich
im schlaflosen dunkel
mit dir zusammen zu atmen
ein und aus

Die tönenden wellen
nachahmen das auf
nachahmen das ab

Lange versuch ich
im schlaflosen grauen des morgens
mit dir einen rhythmus zu finden
es gelingt beim schöpfen
es mißlingt beim weggeben
es braucht mehr zeit beim versinken

Lange versuch ich
nicht schlafend nicht wachend
mit dir zusammen zu bleiben
es versteckt sich beim gehen
es schenkt sich beim trinken
es läßt mich fallen
in diesen und jenen anderen schlaf

Gibt es denn keine liebe auf erden
ohne angst vor dem sterben

2

Der zuzug von freund hein

Er ist eingezogen vor zwei jahren
ich sehe nicht viel von ihm
ich höre ihn manchmal tappen
treppauf treppab

Selten denk ich er steht im zimmer
ich bekomme keine luft mehr

Freund wäre zu viel gesagt
aber feind wäre noch unwahrer

Er wird hier wohnen bleiben
er hat ein recht darauf
ihm kündigen wär arrogant
niemand wirft ihn hinaus
manchmal red ich ihm zu
mich mitzunehmen
in sein land

Es ist grau wie die nordsee
die manche mordsee nennen

3

Ein entfernter verwandter

In diesem haus so dacht ich mir
als ich die freundin wiedersah
nun zweiundneunzig jahre alt
wohnt der tod

Und ich war froh
ich wußte nicht
daß er zu gast sein kann
der partner ohne festen wohnsitz
der höflich lächelnd zu tische sitzt
der schnitter

Ich weiß zwar nicht
wo er hingehört
der feind
mit dem ich mich aussöhnen will
und frieden machen
mit diesem entfernt verwandten
und an das ewige leben glauben
nicht meines

Aber dessen
bei dem er angestellt ist

In meines vaters hause
Johannes 14 vers 2

In mein haus
sind immer mehr tote gezogen
nicht daß wir keinen platz hätten
aber wo ich mich umschau
lächeln sie mir dazwischen

Als ich versuchte t'ai chi zu üben
sah ich meine tote lehrerin
hart arbeiten und dabei unbemerkt zaubern
und der krebs wucherte schon in ihr
und sie brauchte immer weniger
erklärungen und ermahnungen
und es war nicht nur atmen
es war schwimmen
in der gewöhnlichen luft

Und jetzt lächelt sie mir dazwischen
nicht daß wir keinen platz hätten
aber vielleicht gibt es in unsern häusern
niemals so viele wohnungen
wie uns versprochen

Die landlosen

Im bundesstaat pará brasilien
gibt es sechzehn latifundien
die zusammen über drei millionen
hektar land besitzen
ferner gibt es achtzigtausend landlose
bauernfamilien die siedeln wollen und arbeiten
und ohne land sind sem terra

Und darum gibt es massaker
falls wir den tod durch gewalt
von mehr als drei personen so nennen
sie werden ermordet
weil sie land suchen
und sie lernen zu glauben
daß sie nur zu land kommen
wenn fünf oder acht oder siebzehn von ihnen
dafür gestorben sind

Das leben scheint nur
durch tod zu gehen
sie leben auf ihn hin
und überall entlang den straßen
sieht man kreuze
kleine von kindern
und große für ihre mütter
und selten welche
für die verschleppten männer

Belén brasilien

Vor sieben jahren wurde ihr sohn erschossen
auf offener strasse in belén
er hat landarbeiter und landlose verteidigt
gegen großgrundbesitzer in brasilien
er war anwalt und abgeordneter

Sie kommt jede woche zum gericht
sie fragt wie weit der prozeß sei
ob die auftraggeber des mordes
bald verurteilt werden
der richter erklärt ihr jedesmal
der prozeß brauche seine zeit

Seit sieben jahren erklärt er
der weißhaarigen frau dasselbe
regelmäßig sagt er es braucht zeit
und sie weiß nicht wie lang sie noch zeit hat
nach der gerechtigkeit zu fragen
in belén was bethlehem bedeutet

Auf dem weg der gerechtigkeit
sei leben höre ich
gilt das denn auch
für diese alte frau

Abschied nehmen

Was hülfe es dir mein kind
wenn du die ganze weit gewönnest
mit deinem charme und deinen diplomen
und nähmest doch schaden
ich weiß nicht woran
ich habe angst um dich
nicht nur weil krebs zunehmen wird
und der konkurrenzdruck
und die feindseligkeit
als wärt ihr ganz ohne dach

Wenn du flöte spielst
schmilzt der eisring um mich
du sagst etwas in einer sprache
die wir nicht beherrschen
hinter dir steht unsichtbar
aber wozu hat man eine mutter
wenn sie nicht sieht
von deiner flöte gerufen
den der anders beschützt
als ich es konnte

Vor dem tanz

Hau ab tod
ich hab zu tun
hol doch deine geschäftsfreunde
die den kindern kein sauberes wasser gönnen
ich ruf meinen großen bruder
du kennst ihn doch

Schau später nochmal rein
wenns besser paßt
so viel hab ich auch nicht gegen dich
bloß daß du immer die falschen willst
die mächtigen fett und satt läßt
vom leben
als sei sie dein die kraft und die herrlichkeit

Einmal will ich nicht mit dir kämpfen
tanz mit dir den pas de deux
hör wie du mir sagst hau ab
leg mich zu dir schlafen
let it be sag ich dann
ich bin auch nur ein blatt das fällt

Vom großen baum
den du nicht gepflanzt hast
der dir nicht gehört
so wenig wie mir

Etwas kaltes auf meiner schulter

Durch die weinberge
hoch über den klippen
gehn wir betrunken vom blau des himmels
durchschüttelt vom wind
der das meer aufpeitscht
streifen wir durch die pfade
der weingärtnerinnen und fischer
die steilküste absuchend nach den höhlen
die den piraten zum unterschlupf
und den wasserlosen als vorratskammern dienten
trinken wir die schönheit
und werden nicht satt

Aber hinter uns hör ich jemanden gehen
und wende mich um
nur der wind lacht mich aus
im gespräch stock ich manchmal
und verberge etwas dir
dem ich arglos bin und ohne kleider
im schweigen zur küste gehend
spür ich plötzlich
etwas kaltes auf meiner schulter
und wage nicht mich umzuschauen

Ist er denn sichtbar
ist nicht verborgen von anfang an
er mit uns gewachsen
der krebs der uns besetzt hat
noch eh sie ihn erkennen
und diese angst inmitten der schönheit
herzerreißend würgt sie in mir

Herbst

Voll gold hängt die buche vor meinem fenster
ich habs meiner mutter erzählt
vor einem jahr
mit ihren zerzausten herbstbirken
hat sie mir geantwortet

Heut würd ich ihr gern sagen
wie warm das gold der buche scheint
doch dieses jahr kann ich sie nicht mehr
mit bäumen grüßen

Noch gibt es eine sprache zwischen dem andern land
und dem meiner zeit
aber sie schließt bäume nicht ein
und meine mutter geht nicht mehr ans telefon

Wir analphabeten des schmerzes

Dresdner stollen

> Gestillt werden kann
> der hunger nach brot
> grenzenlos ist
> der hunger nach schönheit
>
> Retamar aus kuba

Die glatzköpfe kamen am heiligen abend
in das geöffnete café der alternativen
alles hat heute zu sagten sie
meinem freund aus dresden neustadt
der auch früher ohne gewalt zu leben versuchte
sie brachten sich bier in kästen mit
mein freund gab ihnen einen stollen
heute sei doch weihnachten

Sie nahmen das weihnachtsbrot
und warfen es herum
bis es zerkrümelt
auf dem boden lag

Nach welcher schönheit suchen sie
unter der der messer und ketten
die gewalt gegen die eigene kindheit
und die stollenbackenden mütter
die angst davor beschenkt zu werden
und der haß auf die
die den hunger nach brot
mit dem hunger nach schönheit
unteilbar verbinden

Im krieg ist die wahrheit das erste opfer

Wir werden belogen
unsere augen dürfen die kinder nicht sehen
zerfetzt und verstümmelt in diesem krieg
die vollendete flugbahn der geschosse
sollen wir bewundern
wir werden belogen

Aber du siehst die opfer
und gibst uns andere augen
deine wahrheit macht frei
und schon die suche nach wahrheit
schafft uns den raum zu atmen

Wir sehen keinen weg
außer dem an den alle glauben
die blutstraße der gewalt
unsere analysen stranden
an dem tod den wir
gesucht und gefördert
erforscht und erprobt
bezahlt und exportiert haben
wir sehen keinen weg

Aber du bist der weg
du widerstehst den mördern
im schweigen und mahnen
stehst du mitten unter uns
und lehrst das nein

Wir werden erpreßt
die gewalt ist mit uns verbündet
mitgegangen im konsum
mitgefangen in der verteidigung von öl
mitgehangen in allem
die jetzt an der gewalt ersticken
wir werden erpreßt

Aber du bist freiheit
und versprichst noch immer
du wirst nicht morden
das leben könnt ihr wählen
du gibst nicht auf
warum dann wir

Was des kaisers ist
Eine meditation zu matthäus 22 vers 21

Und was gehört dem kaiser
        Der vogel mit den ölverklebten flügeln
        der sonnenlose himmel im gestank
        die krankenhäuser ohne wasser
Ja das gehört dem kaiser
        Und der palast des emirs al sabah
        das gold am türgriff aller baderäume
        der marmor aus italien der seidene brokat
        das us army corps der ingenieure
        die dieses schloß drei wochen lang aufbauen
        da nun der scheich wieder frei baden darf
Ja das gehört dem kaiser
        Und unser steuergeld die elf milliarden
        die hundertdreiundsechzig mark der frau
        an der ecke die nichts davon gewußt hat
Dem kaiser was des kaisers ist

Und was gehört denn gott
        Es waren einmal vögel
        es waren einmal wolken und das wasser
        die kinder ohne schutz auf dieser erde
Vergiß nicht sie gehörten gott
        Es wird einmal das lachen sein
        die arbeit im labor und unsere süchte
        und unsre augen unsre hände
Sie werden gott gehören

Was gottes ist wir wollen es gott geben
        Das leben der geschwister
        und unser eigenes

Weihnachten 1990

Zweihunderttausend weihnachtsbäumchen
jedes fünfzehn zentimeter hoch
sind in die golfregion geflogen worden
für amerikanische soldaten
wann werden die kerzen angesteckt
und für welche kinder
werden sie brennen
und wieviel kinder werden es sein
bei der bescherung

Auf einer friedensversammlung

Wir sind nicht nur zehntausend
sagte ich wir sind mehr
die toten der beiden kriege
sind bei uns

Ein journalist kam fragen
woher ich das wissen wolle
hast du sie nicht gesehen
frag ich den ahnungslosen
hast du deine großmutter
nicht jammern hören
als sie wieder anfingen
wohnst du denn ganz allein
ohne daß tote mal vorbeischaun
einen zu trinken mit dir
bildest du dir wirklich ein
du wärest nur du

Das cello

Er fuhr nach hause von der orchesterprobe
er war müde
er dachte sich nichts als sie einstiegen
als sie anfingen zu pöbeln

Erst als es leerer wurde
und sie zudringlicher
bekam er es mit der angst

Als sie ihn schlugen
waren nur noch wenige in der s-Bahn
er wehrte sich nicht
da merkten sie wo es wehtat

Und traten auf den instrumentensack
daß es nur so krachte

Was hat ihnen das cello getan
was hat ihnen der blasse junge getan
und was haben wir ihnen nicht getan

Lukas 9 vers 58

Füchse haben höhlen sagte er
häuser sind eingetragen
fernsehgeräte angemeldet
autos zugelassen

Vögel haben nester sagte er
einwohner meldescheine
anwohner sind ortsbekannt
schulpflichtige werden registriert

Nur das kind des menschen
hat keinen fleck erde
keinen schlafplatz
keinen gültigen ausweis
kein versteck vor den mächtigen
keine höhle gegen den wind
und die gewalt

Unverzeihlich

In einem intercity
fanden sich zwei journalisten aus japan und deutschland
nebeneinander sitzend tauschten sie sich aus
angeregt und heiter
drei stunden lang

Bis sie auf einkommen zu sprechen kamen
und klar wurde daß einer anderthalb
der andere achttausend im monat machte
ohne ein weiteres wort zu verlieren
stand der besserverdienende auf
und verschwand
als habe er nun schon drei stunden verloren
eine peinliche fehlinvestition

Die er doch schuldet
der einen gewalt
die über uns herrscht
dem einen gott der uns richtet
und keine götter neben sich duldet

Fernsehen im krankenhaus

Zweckmäßig hängt in der ecke ein klotz
bereit über mich herzufallen
von hier aus wird das zimmer regiert
hier ist die luft
neben den fenstern die sich nicht öffnen lassen

Hier ist antwort
auf fragen die ich nicht stelle
hier hör ich die stimme mir sagen

Ich bin deine einzige freiheit
wandle vor mir und sei fromm

Gegenreden

Es ist dir gesagt mensch
du hast es gehört
es ist leicht zu verstehen

Mir ist nichts zu ohren gekommen
ich weiß nicht was ich tun soll
nicht einmal was ich lassen könnte
welches programm ich eintippen soll
an wen mich halten

Was gut ist
für die alte frau nebenan
und die türkischen kinder
für den kleinen wald
hinter der autobahn
und für dich

Ich bin schon froh wenn ich rauskriege
was für mich was bringt
wo ich nicht draufzahlen muß
was super wäre
und kein risiko dabei

Was gott bei dir sucht
nichts als recht für die rechtlosen
und freundlichkeit für alle

Was soll denn das sein
bei mir gibts nichts zu holen
da kann der lange suchen
auf dich haben wir gerade gewartet
sagt mir der chef
wo soll ich anfangen
und wie weit soll ich gehen

Was gott von dir erwartet
gott und sein volk der fische
gott und sein volk der bäume
gott und seine kinder

Das soll mir gesagt sein
das hätte ich schon gehört
das spräche manchmal
leise stotternd auch in mir

Kreuzigen

Kreuzigen
hinrichten - beseitigen - ausdemwegräumen -
indieeinzelzelleverlegen - elektrischeslichtbrennenlassen -
lebenslänglichgeben - sonderbehandlunganordnen

Kreuzigen
umdieeckebringen - vernichten - liquidieren -
ausmerzen - säubern - exmatrikulieren -
bereinigen - begradigen - sanieren - kündigen -
mitkündigungdrohen - jemandenfertigmachen

Kreuzigen
nichtszuwohnengeben - nichtslernenlassen -
ineineanstalteinweisen - auseinemkurortausweisen -inseinemästhe-
tischenempfindenverletztsein -
dasnichtmitansehenkönnen -
unseregegendnichtverschandelnwollen - vergasen

Kreuzigen
ineindeutschesfürsorgeheimschicken - kriminalisieren -
jemandenabhängigmachen - jemandensüchtigmachen -
neurotisieren - einenkopfkürzermachen -
kopflosmachen - verdummen - denbodenunterdenfüßenwegziehen -
verängstigen - brutalisieren

Kreuzigen
vergessen - verschweigen - esdochnichtaufbauschenwollen -
verdrängen - esnichtgewußthaben -
esfüreineneinzelfallhalten -
esfürunabänderlicherklären - eszulassen

Kreuzigen
kaltmachen - zumverstummenbringen -
einenknebelindenmundstopfen -
jemandemkeinesprachebeibringen -
taubmachen - dieohrenverstopfen -
vertrösten - blindmachen - dieaugenausstechen -
jemandenzumkonsumentenerziehen -
blenden - ersticken

Kreuzigen
dieendlösungvorbereiten -
aufdiewerteunserergesellschaftausrichten -
anpassen - hinrichten -
aufdenernstfallrüsten -

Eine asylantin

Hier ist sie nicht geboren
unsere sprache versteht sie nicht
gearbeitet hat sie ohne papiere
gewohnt hat sie wechselnd
bei einer freundin
in einem container
sie würde gern anfangen
zu arbeiten
hier bei uns

Ihr name ist hoffnung
hier kennt sie niemand

Ich soll mich nicht gewöhnen

Sie hat sich eingenistet
sie kreist mich ein
sie war schon immer da
sie macht sich in mir breit
sie lehrt mich todeswünsche
sie will daß ich vergesse
ich soll ihr dankbar sein

Daß ich esse und singe
soll ich ihr danken
mein leben lang
der blutigen und der weißen
der hämischen und der bunten
der knochenverkrebsenden
und der säuselnden
soll ich dienen
mein leben lang
der einen und einzigen
GEWALT

Einer hört alle Töne

Ein liebesbrief
Für giora feidman den klezmerspieler

Einer tappt langsam den dunklen gang hinunter
den zauberstab hebt er als müßt er fragen
bin ich schon angekommen ist es zu früh
und spielt die menschen vergessen das atmen
wenn ein ton hinfiele er müßt ja
gottbehüte zerklirren

In dem ungeschriebenen brief
sag ich dem klezmer
geh nicht zurück ins dunkel

Es funkelt die klarinette im licht
und er eben noch dreitausend jahre alt
wächst und wird jünger die freunde
beschützen ihn vor dem stimmlosen könig
und den stadtneurotikern hier in hamburg

In dem ungeschriebenen brief
sag ich dem david
spiel weiter sie werfen sonst steine

Er hebt die hilflosen arme wirft küsse umher
hinter den musikanten seh ich den schatten wachsen
in shwarer uniform
den meister aus deutschland

In dem ungeschriebenen brief
sag ich dem giora
schpilmr sie kommen sonst wieder

Zwei oder drei töne mir zu leise
fallengelassen und fortgeweht
wem gehören sie schon

In der ungeschriebenen antwort
sagt mir der spielmann
nichts geht verloren
einer hört alle töne

Variationen über ein thema
von dschelal eddin rumi

> Warum
> wenn gottes welt so groß ist
> bist du ausgerechnet
> in einem gefängnis eingeschlafen

Warum
wenn der sternbestickte himmel so nah leuchtet
liegst du ausgerechnet
schlaflos im smog an deinem fenster

Warum
wenn du freier bist als viele vor dir
wirst du ausgerechnet
mit der angst vor deinen grenzen nicht fertig

Warum
wenn gottes garten so fruchtbar ist
bist du ausgerechnet
in die zeit wachsender versteppung geboren

Warum
wenn versöhnung auf der straße liegt
wartend daß du sie aufhebst
bist du
an die feinde des lebens gefesselt

Wo wir wohnen

Unser gefängnis ist mit dem teuersten
design tapeziert
unsere wächter betreuen uns
mit immer neuen programmen
wir werden gut unterhalten
mach uns leer christus
für die andere freiheit

Hilf uns heraus freund aller geschöpfe
an unserm haben stirbt das sein der andern
am luxus hängt vergiftung und ersticken
an unsrer art zu leben klebt gewalt

Mach uns frei menschenfreund
von allen falschen wünschen mach uns ledig
vom schneller mehr und öfter trenne uns
und vom besitz der uns besetzt hat
reiß uns los

Laß uns fortgehn mit dir
hilf uns heraus
mach uns leer
daß gott uns füllen kann

Die fehlenden akkorde im gesangbuch

Die fehlenden akkorde
verstummte melodie
die unentdeckten töne
ach vergiß sie nie

Die wunder aus alten zeiten
geschichten frei und heiter
vor thronen und atomen
erzähl sie treulich weiter

Die ungespielten wirbel
der tagesträumerei
angst nie gelebt zu haben
sie tönen mit dabei

Wir werden noch lachen und summen
als wärn wir nie allein
als blieben die fichten am leben
als fiele gott singend ein

Levadia

Am eingang zur schlucht
entspringen zwei quellen
die eine heißt lethe
die andere mnemosyne
vergessen die eine
erinnerung die andere

Ich wollte nur von einer trinken
die wahl war leicht
ich wohne im lande tüchtiger maschinen
sie brauchen dich nicht erinnerung
ich trank drei schluck und wollte weiterwandern
doch etwas hielt mich fest

Ich kehrte noch einmal zurück
zur schlucht des befragten orakels
und beugte mich tiefer hinab
in die vergessenheit
und trank als wüßte ich nicht
daß ein name gottes erinnerung ist

Eingeschrieben ins buch des lebens
sind alle namen alle vergessenen
verzeih mir sagt ich dem schreiber
es schmeckt wie gnade
auch das sprudelnde dunkle
wasser der lethe

Täglich

Täglich so lese ich in den mystikern
gott um die gabe der tränen bitten
täglich auf der haut die dürre fühlen
die uns versteppt

Täglich bitten meine sätze sind seit monaten
statements eingaben forderunqen resumees
und wenns hoch kommt erzählunqen
alle meine bitten bleiben ungesagt

Täglich um die gabe
ich benutze das wort nie
weil ich alles
kaufen erbrinqen erledigen bestellen besorgen
kann und von allem
weiß was es kostet

Täglich tränen
dreimal hab ich geweint in diesen jahren
einmal mit vielen auf dem friedhof
das grab konnt ich nicht sehen
einmal im bett vor glück oder wiemandasnennt
einmal als mein zug abfuhr und ich
meine mutter weinen sah

Täglich so lese ich bei den freunden vom freien geiste
gott um die gabe der tränen bitten
täglich salz und scham
täglich freiwerden
täglich gott

Hier nicht

Die grüne wand des giebels sah ich leuchten
ein hunsrückdorf wir fuhren langsam
heiß war mir redemüde nahm ich wahr
brandmauer aus smaragd und grün

Meine augen bracht ich zum stehen
fing farben an zu trinken
woher sollt ich wissen
daß ich verdurstet war

Vielleicht vor acht jahren sagt ich mir
hat ein tachist die wand gestrichen
die dunklen flecken feuchtigkeit
schwärzlich unten sprechen
mit den lebendigen schatten
zu schimmern
zu strahlen

Ich rahme und stell in mein bildhaus
ich schließ die augen mehr zu sehen
flehend daß es mir nicht verblaßt
das leuchten eines großen malenden
eh ich sterbe am durst nach farben
die ich nicht finde

Hier schneller fahrend nicht

Jacob böhme

Ein christ aus kuba
mestize mit grauem haar
erzählt mir die dünnen hände hebend
daß er in görlitz war sachsen
und das haus suchte
und die leute fragte
und den fluß sah über den
dem schuster zu gehen verboten

Sie wußten nichts sagt er
und kann es nach monaten nicht fassen
sie kannten jakob böhme nicht sagt er

Ich habe selten einen
um mein volk trauern sehen

Sie kannten ihn nicht
stammelt er hilflos
sie liebten ihn nicht
sie waren nicht eins mit ihm

Über den übergang deiner stimme am telefon

Du erzählst deinen ärger mit der verwaltung
du analysierst das verhalten des kollegen
du planst wann wir uns wiedersehen könnten
dann fragst du mich wie es denn heute war
du willst es genau wissen gibst nicht nach
deine stimme ist dunkel geworden
einen bauch hat sie und geht langsam
immer mehr luft schwebt zwischen den wörtern
ich kann nicht mehr wegspringen

Ein haus baust du aus dem ton der stimme
offen der himmel ich seh weit jetzt
wir fahren zum meer hör ich ohne daß du es sagst
ach wie konnt ich nur so lange im engen zimmer bleiben
wie konnt ich nur denken mein leben zu fristen
mit plänen berichten wie konnt ich nur
auch nur fünf minuten lang denken
die stimme ist da etwas mitzuteilen

Da sie doch nichts transportiert sondern ist
da sie doch nichts bringt aber aufmacht
was ein gefängnis war so lange
und immer mehr eindringt in mich

Rabbi akiba

Rabbi akiba so sagen die schriften ging zum pardes
zusammen mit drei anderen lehrern
niemand weiß was sie dort sahen
aber der eine wurde verrückt
der zweite starb und der dritte
riß die wurzel des seins aus und leugnete
daß gerechtiqkeit und ein richter der weit sei
nur akiba so sagen die schriften kam wieder
unversehrt

Der pardes war der garten des lebens
voller blumen und ziegenböckchen
der garten ohne kleider noch scham
von gott war nichts zu sehen
nicht hat er am sinai gesetze gegeben
nicht hat er die menschen aus eden vertrieben
nicht war sein name genannt
im garten des paradieses

Einer starb im schock weil er den namen nicht hörte
einer wurde verrückt weil das gesetz nicht mehr galt
einer gab das gesetz auf
weil dieser garten ihm wirklicher schien

Rabbi akiba kam wieder
unverwundet

Das lied der lieder sagte er
das den namen gottes nicht nennt
ist das heiligste buch
jeden tag sprach er vom kommen
des messias

Wenn du im garten des hohen liedes warst
wie kannst du zweifeln
daß der messias kommt

Die ferne sonne

Nachmittags der sonne nachsehen
die hinter der häuserzeile
verschwindet
am schreibtisch
mit denen sprechen
die aus verständlichen gründen
tote genannt werden bei uns

Die ferne sonne
die fernen freunde
mir näher als ich

Ein freund jesu werden
freundin dem leben

Die hoffnung zündelt

Ein kleines wunder

Die hoffnung kennt tausendundeine geschichte
gegen gewalt
wir brauchen sie alle

Martin von tours
ein frommer mann
der den waffenrock ausqezogen
und das schwert weggelegt hatte
reiste nach trier den kaiser zu sehen
er wollte ihm klagen
daß in nordspanien menschen
die man als ketzer ansah
verfolgt wurden

Er wurde nicht vorgelassen
er ließ sich nicht abweisen
und blieb drei tage und drei nächte
geduldig und belächelt sitzen

Dann stand der schwertlose bettler
vor dem machthaber
als plötzlich der thron zu brennen anfing
und majestät sich erheben mußte

Dieses feuer das den thron fraß
konnte niemand erklären
es verwirrte viele
und brachte zum nachdenken

Es ließ sich nicht löschen
es brennt noch immer
so viel ich weiß

Die hoffnung kennt tausendundeine geschichte
gegen gewalt
sie zündelt noch immer

Das interdikt von 1178
Hildegard von bingen

Man hat den klosterfrauen verboten
die glocken zu läuten
man hat ihnen verboten
das sakrament zu empfangen
sie sollten ihre psalmen murmeln
mit gedämpfter stimme
bei verschlossenen türen
sie durften sich nicht beteiligen
am loben der engel
im himmel

Die kirche befahl der seherin vom rhein
wie einst kreon der antigone
einen toten auszugraben
und ihn in ungeweihter erde
heimlich verscharren zu lassen

Man hat die heilige hildegard
nie heilig gesprochen
vielleicht weil sie den stab der Äbtissin in händen
ein grab verwischte und unsichtbar machte
sie schützte den toten

Der preis war hoch
die heilerin wußte was es heißt
ohne musik zu sein
ohne singen zu leben
nie sprach sie so über musik
als in der zeit da sie
nach ihr verdurstete
sie muß viele nächte lang geweint haben
getrennt von den engeln
die sie sonst mitsingen hörte
und ohne anteil am lobe dessen
den sie einundachzig jahre lang gelobt hat

Sie kämpfte darum nicht ausgeschlossen zu sein
und niemanden auszuschließen
vom frieden und vom singen
als das verbot aufgehoben wurde
hat sie noch einige monate gelebt
ehe sie sich hinlegte
um anderswo mitzusingen

Musik war für sie nicht eigentum
nicht opus mit nummern
und nicht nur für uns da
sie muß den schönen götterfunken gesehen
und den grund des grundes tönen gehört haben
in unsern tönen
mit allen engeln
lobte sie jeden tag
gottes grüne kraft

Geschichten vom heiligen franz und der anderen freiheit

1

Als ihn ein kardinal einlud
zum reichlich gedeckten tisch
brachte er seinen bettelsack mit
ein stück brot halb verschimmelt
angefaulte Äpfel
und knochen mit einem rest fleisch
er warf sie auf die fürstliche tafel

2

Als ihm die ratsherrn nicht zuhörten
hielt er seine armutspredigt
den aasfressern und geiern
aber die kurie machte daraus
lieblich zwitschernde vögel
und die aasfressenden ratsherrn
blieben was sie waren

3

Als seine hütte in brand geriet
und die brüder seine hose retteten
fuhr sie der sanfte heilige an
warum wollte er wissen
habt ihr dem bruder feuer
die hose nicht gelassen

Fragen

Wieso kannst du etwas lieben
das man nicht sieht
        Wieso liebst du nur was man sieht
        reicht es dir nicht es zu fotografieren

Was hast du davon einen unsichtbaren zu lieben
was gibt er dir denn
        Er gibt mir nichts außer der sucht eins zu werden mit ihm

Stürzt diese liebe dich nicht in traurigkeit
        Sie macht mich seine tränen weinen
        sie läßt mich sein lächeln essen
        sie stürzt mich da hast du recht

Ich traf drei engel in finnland

Der kleinste schwebte tanzend
durch blauen himmel und altrosa wolken
mit einer girlande bekleidet
auf mich zu im museum
ernst wie nur ein dreijähriger sein kann
beide Ärmchen erhoben
zum fliegen

Eine engelin ging mit mir
zeigte den tisch wo das brot war
erklärte mir was man fürchtet
und schloß mir die ohren auf
nicht für die seltsamen wörter
doch für zwei finnische lieder

Mein ältester engel ist zweiundneunzig jahre
und ich habe erst jetzt gesehen
wie sie leuchtet
einfach glänzt vor dankbarkeit
daß ich mich immer mehr schäme
für meinen zorn

Kann denn die welt untergehen
diese geliebte erde uns nicht mehr tragen
diese seen vergiftet werden
solang so viel engel unterwegs sind
befohlen über mir
uns zu behüten

Nebelland

Im nebel zählt
jede taschenlampe
schreibt mir eine frau
aus dem nebelland
in dem ich wohne
ohne mich zu gewöhnen
an die gewalt
und die endlichen batterien
im nebel
der nicht enden will

Eine erinnerung aus dem jahr 1919

In heidelberg fand eine versammlung von kommunisten statt
sie war nicht genehmigt
die polizei besetzte den saal
aber die alte dame der partei
clara zetkin sprang zum podium
und fing mit fester stimme an zu singen
ein feste burg ist unser gott
da zogen die polizisten ab

Bis zum nächsten mal

Ein leeres kinderzimmer

Und ich sah ein leeres kinderzimmer
nur ein alter bär bewohnte es
und zwei püppchen schwatzten miteinander
ich fand einen halbleeren kleiderschrank
ich brauch nicht mehr brummte der alte mann
ich nehm mir viel zeit
ich bin nicht arm
ich will nicht reich werden
ich will meine ruhe haben
nicht kaufen müssen und mich nicht verkaufen
niemanden ausstaffieren und mich lassen wie ich bin
meine hände leer machen
daß ich das beten anfange
ich will loslassen lernen
und wenn ich alles gelassen habe
werde ich frei sein
und wenig spielzeug brauchen

und mit dir gehen
und selber singen
in dem sanften anderen land

Auf daß alle

So viele chorlieder sangen wir
daß die fünfjährige die geduld verlor
bis ein lied kam feierlich schritt es einher
ALSO HAT GOTT DIE WELT
verfing sich in einem wort
und wiederholte es unaufhörlich
ALLE ALLE ALLE

Johanna hört zu
sie hebt die hände auf
und singt mit
AUF DASS ALLE

Auch als wir längst aufgehört hatten
Schützlieder zu singen
sang sie noch immer
ALLE ALLE ALLE

Verfing sich im singen
und stampfte mit ihren füßen
überrumpelt vom glück

Ich hab ihr versprochen
es nie zu vergessen
auch unter denen die täglich
ihre seele verkaufen
zu singen zu glauben
ALLE ALLE ALLE

Singen unter tränen

Als er im sterben lag
hat unser aller bruder der heilige franz
seine freunde gebeten zu singen
das große loblied auf die sonne
und schwester wasser und bruder feuer
die brüder sangen unter tränen
da fügte franziskus
vor der letzten strophe eine neue ein
ein loblied über den tod
er nannte ihn unsere schwester

Als unser freund hier an das lange sterben kam
hab ich mit franziskus gestritten
er ist doch ein gewalttäter
den du da lobst
er nimmt meinem freund die luft weg
und meiner freundin das zuhausesein
was heißt da schwester tod
laß doch die loberei sein

Franziskus hat mir nicht geantwortet
aber er hat vom himmel gesehen
wie freundinnen kamen zu helfen
beim sterben und beim weiterleben
er hat nichts gesagt
weil er nicht recht behalten mußte
gegen die die mehr schwester waren
als der tod

Aber er hat auf das dunkel gezeigt
mit seinen durchbohrten händen
die dunkle nacht des alleinseins
die dunkle nacht des schweigens
er hat auf gottes versteck gezeigt
wie unser freund hier
im schatten des lichts
auf das versteck des gewaltigen
den wir lieben werden
hat er gezeigt

Deine leuchtende stimme

Gott laß uns jeden tag dein licht erblicken
laß uns nicht weglaufen vor deinem licht
und nur den verkehr das büro und das fernsehen sehen
gib uns augen für dein licht am morgen
für dein licht im november
für dein licht in den augen einer katze

Gott laß uns jeden tag dein licht anschauen
laß uns nicht deine welt benutzen
wie touristen eine landschaft als fotoobjekt
wie schnellfahrer eine autobahn
wie männer oft eine frau benutzen
lehr uns dich in allen dingen zu lieben
auch in denen die wir nicht benutzen können

Gott laß uns jeden tag auch heute dein licht sehen
laß uns nicht uns selber verzwecken
und nur das notwendige das ernste tun
spiel mit uns gott und laß uns mit dir spielen
wie der wind auf dem wasser spielt im licht
wie das staunen und die neugier
auf dem gesicht des neunjährigen spielen
und die frühlingsblüten am straßenrand
zusammengekehrt vom wind
gott laß uns jeden tag auch heute dein licht sehen
in einer kleinen pfütze am weg

Gott laß uns jeden tag deine stimme hören
wie sie uns ruft es werde
komm heraus aus der arche
nimm dein bett und geh
siehe ich stehe vor der tür
laß uns keinen tag in unserem Leben
nur trivial funktionieren
keinen tag in unserem leben sein
ohne deine leuchtende stimme
ohne dein drängendes licht

Dorothee Sölle: Das poetische Werk

Loben ohne Lügen, Gedichte. Erschienen 2000
2. Auflage 2023, 116 Seiten
€ 14,00 ISBN 978-3-87352-505-4

Zivil und ungehorsam, Gedichte. Erschienen 1990
2. Auflage, 152 Seiten
€ 14,00 ISBN 978-3-87352-504-7

Verrückt nach Licht, Gedichte. Erschienen 1984
3. Auflage, 176 Seiten
€ 14,00 ISBN 978-3-87352-503-0

Spiel doch von Brot und Rosen, Gedichte.
Erschienen 1981, 4. Auflage, 128 Seiten
€ 12,00 ISBN 978-3-87352-502-3

Fliegen lernen, Gedichte. Erschienen 1979
6. Auflage, 84 Seiten
€ 10,00 ISBN 978-3-87352-501-6

Die revolutionäre Geduld, schritte 26. Erschienen 1974.
4. Auflage, 36 Seiten
€ 8,00 ISBN 978-3-87352-026-4

Meditationen & Gebrauchstexte, schritte 16. Erschienen 1969
5. Auflage, 36 Seiten
€ 8,00 ISBN 978-3-87352-016-5

Ein Sammelband vereint die zeitlosen Texte aller 7 Bücher:

Dorothee Sölle: Poesie als Gebet. Eine Biographie in Gedichten.
196 Seiten, hg. und kommentiert von Barbara Zillmann
Mit vielen Fotos, Hardcover, Wichern-Verlag Berlin 2019
€ 20,00 ISBN 978-3-88981-450-0